Diseño e ilustraciones:
  Francisco Arredondo
Corrección de textos:
  Ana Doblado
Diseño de cubierta:
  Vanessa Herranz

Atlas
infantil de los Animales
LOS HÁBITATS

susaeta

Los hábitats

En cualquier rincón del mundo podemos encontrar algún animal… pequeño, enorme, pacífico, fiero, veloz o lento. A pesar del calor asfixiante o con el frío más extremo, en todos los lugares hay algún animal increíble perfectamente adaptado a su hábitat.

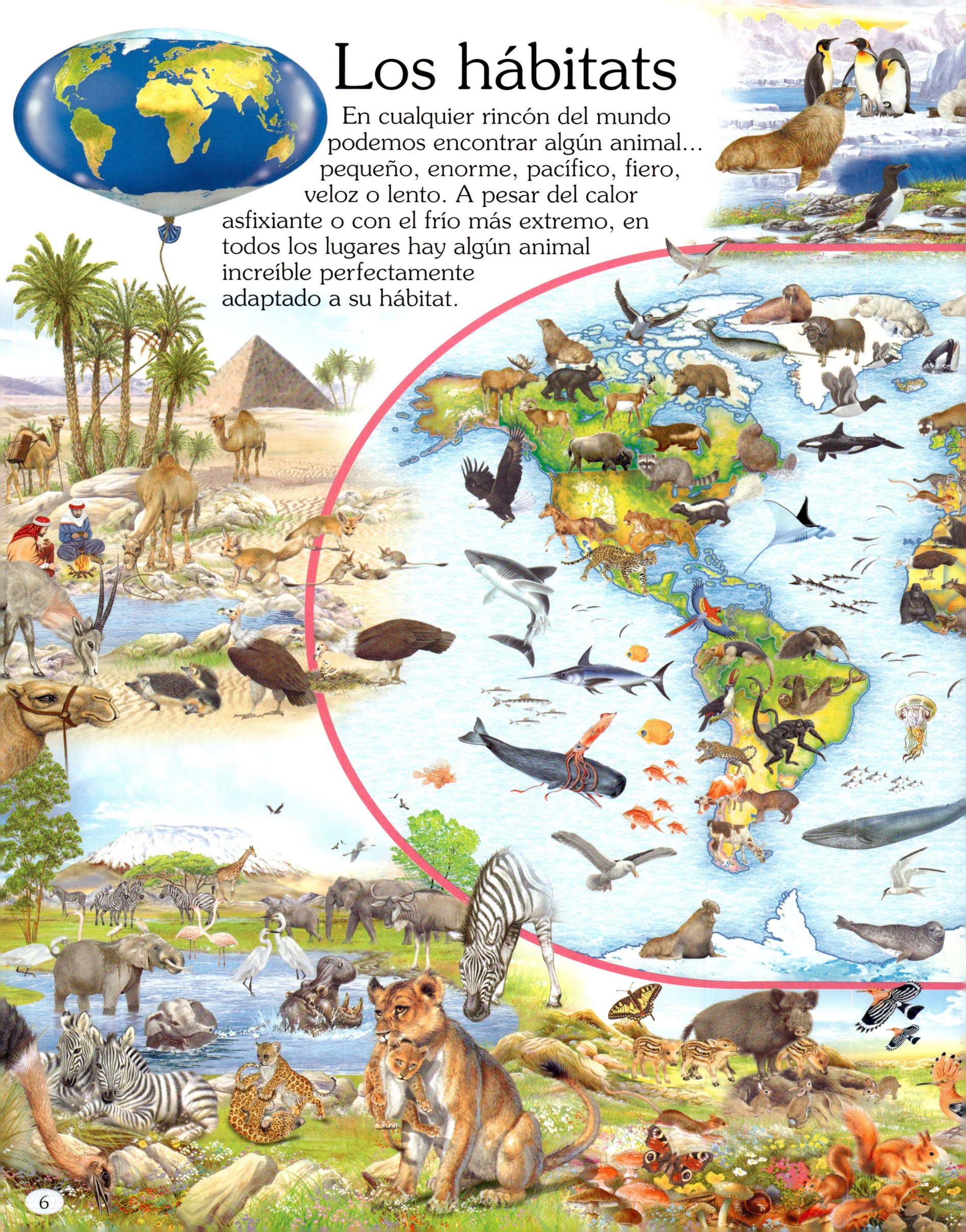

El Ártico

El Polo Norte es una capa inmensa de hielo flotante. Los norteamericanos Peary y Henson lo conquistaron el 6 de abril de 1909. Aunque es uno de los lugares más fríos de la Tierra, con temperaturas inferiores a 40 °C bajo cero, allí habita una gran variedad de animales. Durante su breve verano, es siempre de día.

En verano, el **zorro ártico** almacena comida enterrándola bajo las rocas, para recuperarla cuando escasea en los crudos días de invierno.

Gracias a su color blanco, el **oso polar**, de más de 2,5 m de altura, se camufla en la nieve para dar caza a las focas.

Iglú

Groenlandia

El pelo de la **liebre ártica** cambia de color: en invierno es blanco
y en verano es gris pardo para así poder camuflarse mejor en cada estación.

Esta parte del océano
Glacial Ártico está cubierta
de hielo todo el año.

Exploradores del Polo

Polo Norte

Iglú

Ante cualquier amenaza, los **bueyes
almizclados** forman un círculo para
poder proteger mejor a sus crías.

Cerca del Polo durante el invierno
las 24 horas del día es noche oscura.

Las **focas** tienen que tener especial
cuidado con los osos y las **orcas**.
Estas últimas, antes de comérselas
juegan con ellas
lanzándolas al
aire con el morro
como si fuesen
un gran juguete.

Canadá

Es el segundo país de mayor superficie de la Tierra y casi un 50% de su territorio está cubierto de bosques, en los que se basa la industria de la celulosa y el papel. Al Oeste se elevan las Montañas Rocosas, una de las cordilleras más largas del mundo. Amplias extensiones de Canadá permanecen aún deshabitadas.

Las parejas de **águila calva** permanecen juntas toda su vida. Se suelen reunir en la costa de Alaska, cerca de los ríos para capturar los salmones agotados por su largo viaje.

Alaska

Montañas Rocosas

Cereales

Desastre ecológico del *Exxon Valdez*

El **alce** es el gigante de la familia de los ciervos. Puede alcanzar un peso de 450 kg y algunos alces muy viejos llegan a veces hasta los 500 kg.

El **castor** canadiense usa sus potentes dientes para roer los troncos y así construir un dique para edificar su madriguera.

Minas de aluminio

Cataratas del Niágara

Estados Unidos

La **grulla chillona** estuvo a punto de extinguirse a causa de su caza indiscriminada.

El **oso negro** está extendido por todo América del Norte. Vive generalmente en los Parques Nacionales, donde cría y aumenta su número.

El **oso pardo** en otoño procura comer todo lo que puede, con el fin de almacenar suficiente grasa para poder hibernar.

Estados Unidos

Tiene una gran variedad en cuanto al clima y los paisajes, desde montañas con nieves perpetuas hasta inmensos desiertos. Gracias a ello cuenta con una fauna muy variada, especies que se han tenido que amoldar a condiciones extremas, no sólo marcadas por la naturaleza, sino también por la caza salvaje del hombre.

Hace cientos de años había millones de **bisontes**, pero las matanzas masivas para conseguir su valiosa piel los llevaron casi a la extinción.

Montañas Rocosas

Aviones Boeing

Geiser del P.N de Yellowstone

Cañón del Colorado

HOLLYWOOD

Los mayores estudios de cine

Monument Valley

Cuando la **mofeta** se siente en peligro expele un gas maloliente que deja aturdido a su enemigo.

Los vaqueros recorrían cientos de kilómetros para llevar el ganado de un estado a otro.

El **puma** es el león americano. Habita desde Canadá hasta América del Sur. Algunas variedades están en peligro de extinción.

Gracias a sus canales de agua y su abundante vegetación, en las zonas pantanosas del Parque Nacional de los Everglades, en Florida, se encuentra una gran variedad de animales.

Cataratas del Niágara

Monte Rushmore

Torre Sears, Chicago

Estatua de la Libertad

El Capitolio

Cabo Cañaveral

Al vaquero se le representa siempre sobre un caballo, pero los primeros que montaron los **caballos salvajes** fueron los indios.

América Central

Es una franja de tierra relativamente estrecha que separa las dos Américas. En su punto más estrecho se encuentra el canal de Panamá, utilizado por los grandes barcos para no tener que rodear Sudamérica. La fauna es tan variada como los hábitats, que van desde los desiertos de México a las selvas cercanas a América del Sur.

Los **monos aulladores** son los más ruidosos del mundo: su aullido se puede escuchar a más de 3 km de distancia.

México

Chichén Itzá

El felino llamado **ocelote** vive en las selvas de América Central. Es un ágil cazador que sorprende a sus presas con rápidos saltos. Actualmente es una especie protegida.

El **picotijera**, un ave pescadora, tiene la parte inferior del pico mucho más larga que la superior; esto le permite coger los peces en pleno vuelo.

Las antiguas civilizaciones aztecas y mayas adoraban al **quetzal**, lo consideraban un ave sagrada. En la actualidad es el ave nacional de Guatemala.

Canal de Panamá

América del Sur

El **almiquí** sólo vive en la isla de Cuba. Debido a sus dificultades de reproducción es una especie que corre el peligro de desaparecer.

La selva del Amazonas

El Amazonas es la selva tropical más grande que existe. La atraviesa el inmenso río que le da nombre y en ella se encuentra la mayor variedad de animales y plantas de nuestro planeta.

El **tucán gigante** es el más grande de su especie: sólo su pico mide más de 20 cm.

Salto del Ángel, la catarata más alta del mundo (979 m)

Islas Galápagos

El **perezoso** es el mamífero más lento del mundo. Su velocidad apenas excede de 2 m por minuto y vive siempre colgado de los árboles.

Machu Picchu, ciudad inca

Lago Titicaca, el lago navegable más alto de la Tierra

En las islas Galápagos, aparte de **iguanas** y otros muchos animales que sólo existen allí, hay unas **tortugas gigantes** que pueden pesar más de 220 kg.

En el Amazonas los animales tienen que ser muy hábiles para comer y no ser comidos.

Selva del Amazonas

Catedral de Brasilia

Río de Janeiro

Cataratas de Iguazú

El pájaro más pequeño del mundo es el **colibrí abeja**: su cuerpo mide menos de 1,5 cm. Contando el pico y la cola, no llega a 6 cm y pesa sólo 2 g.

El **mono araña** es un gran acróbata. Se ayuda de su larga cola usándola como si fuera una quinta pata para dar saltos de más de 10 m entre los árboles.

Los Andes y la Pampa

La cadena montañosa más larga del mundo es la cordillera de los Andes. Va desde Colombia hasta la Patagonia. Muchas de sus montañas han sido formadas por volcanes, algunos de ellos aún activos. Los animales de estas cumbres tienen que soportar una atmósfera muy diferente debido a la altitud en la que viven.

La **llama** es el principal animal de carga de los Andes. Es un animal con bastante mal genio: ¡cuando se enfada escupe con una excelente puntería!

Desierto de Atacama

Aconcagua 6.962 m

El **ñandú** es una gran ave que debido a su tamaño es incapaz de volar. Sin embargo, puede correr más que un caballo, pudiendo alcanzar los 50 km/h.

El parque Nacional de los Glaciares debe su nombre a sus casi 250 glaciares. 40 de ellos son enormes: uno tiene más de 30 km de largo.

18

El **ciervo de la Pampa** es el único que permanece con la hembra después del nacimiento de su única cría.

El **oso hormiguero** usa sus potentes garras para destrozar los nidos de las hormigas. Su lengua puede llegar a medir hasta 60 cm y tiene una saliva pegajosa para atrapar a los insectos.

Brasil

El **cóndor** de los Andes es el ave de presa más grande del mundo. Se le ha visto volar a más de 7.000 m de altura.

Los Andes

Tren a las nubes, el más alto del mundo (4.200 m)

La Pampa

Valle de los dinosaurios

En la Pampa argentina se crían grandes rebaños de **ganado vacuno**: su carne es una de las mejores que existen.

Madagascar

Es la cuarta isla más grande del mundo. Su fauna y su flora son únicas. Allí se encuentra el 70% de los camaleones de la Tierra, crecen seis de las siete especies de baobab existentes y es el único lugar donde habitan los lémures, una familia de simios muy característica.

El **camaleón** puede adoptar el color de su entorno para camuflarse.

El baobab es esponjoso para retener el agua.

Palmeras gigantescas

Hay una gran variedad de **lémures**. El de cola anillada tiene unas glándulas olorosas que le sirven para marcar el territorio. El indri, un lémur de pelo blanco y negro, es el más ruidoso de todos: sus quejidos se oyen a 3 km.

La **vanga de pico de hoz** se puede colgar boca abajo para coger los insectos que se esconden en las grietas de los árboles.

Vainilla

Celacanto

Picos calcáreos Singy

El **ayeaye** utiliza su larguísimo dedo para extraer las larvas de los árboles.

Para mantener el equilibrio en los árboles, la **fosa** tiene la cola tan larga como el cuerpo.

El **jabalí de río** es muy perseguido por los agricultores, pues causa grandes estragos en sus cosechas.

El **tenrec** puede tener una camada de más de 30 crías.

La sabana

La sabana africana es uno de los lugares de la Tierra donde se concentra mayor número de animales. Muchos de ellos están protegidos debido a su riesgo de extinción.

Gracias a su larguísimo cuello, las **jirafas** no tienen ningún problema para comerse los tiernos brotes de los árboles.

En el lago Turkana se reúnen millones de **flamencos**.

Los **hipopótamos** se pasan casi todo el día en el agua. Enseñan sus grandes colmillos para demostrar quién manda.

Delta del Okavango

El **avestruz** abunda en el sur de África.

La **gacela saltarina** da unos saltos de hasta 3,5 m para desconcertar a sus enemigos.

Las **cebras** siempre van en manadas para protegerse unas a otras.

Lago Turkana

Kilimanjaro

Cataratas Victoria

¿Sabías que entre los **leones** quien caza es la hembra?

Según su tamaño, los **elefantes** pueden consumir cada día hasta 200 kg de vegetales.

Los **leopardos** son buenos nadadores y tampoco tienen problemas para subir a los árboles.

La selva africana

El cálido y húmedo clima de la selva es ideal para gran cantidad de animales. No sólo es el hábitat de especies grandes como gorilas, okapis y enormes rinocerontes, también es el mejor escondrijo para serpientes, ranas e insectos de todo tipo.

La hembra del **cálao** anida en los huecos de los árboles, tapando la entrada con barro para proteger a sus crías.

A pesar de su enorme peso, el **rinoceronte** puede correr pequeñas distancias a casi 50 km/h.

Debido a la destrucción de grandes áreas de selva para destinarlas al cultivo, el **gorila** está seriamente amenazado y en peligro de extinción.

El **chimpancé** es muy listo:
sabe meter un palito en
un hormiguero para cazar
hormigas, coger una piedra para cascar frutos
secos o servirse de hojas para beber agua.

El **guepardo** es el animal más rápido del mundo
y puede alcanzar una velocidad
de 95 km/h en no más de tres
o cuatro segundos.

Las rayas del **okapi** rompen
su silueta, haciéndolo más
difícil de ver entre la vegetación.
Su pariente más
cercano es la jirafa.

El Sahara

El desierto del Sahara se extiende desde el Atlántico hasta el mar Rojo. Las dunas comienzan muy cerca de la cordillera del Atlas y se extienden hasta las zonas tropicales más al sur. Debido a sus temperaturas de más de 50 °C a la sombra, no es nada fácil adaptarse a este hábitat.

La cordillera del Atlas al Norte de África, con sus picos permanentemente nevados, actúa de barrera entre el Mediterráneo y el Sahara.

Aunque está protegido, es posible que el **órix blanco** se haya extinguido, porque desde el año 1970 no se ha visto ninguno.

Atlas

Ahaggar

Desierto del Sahara

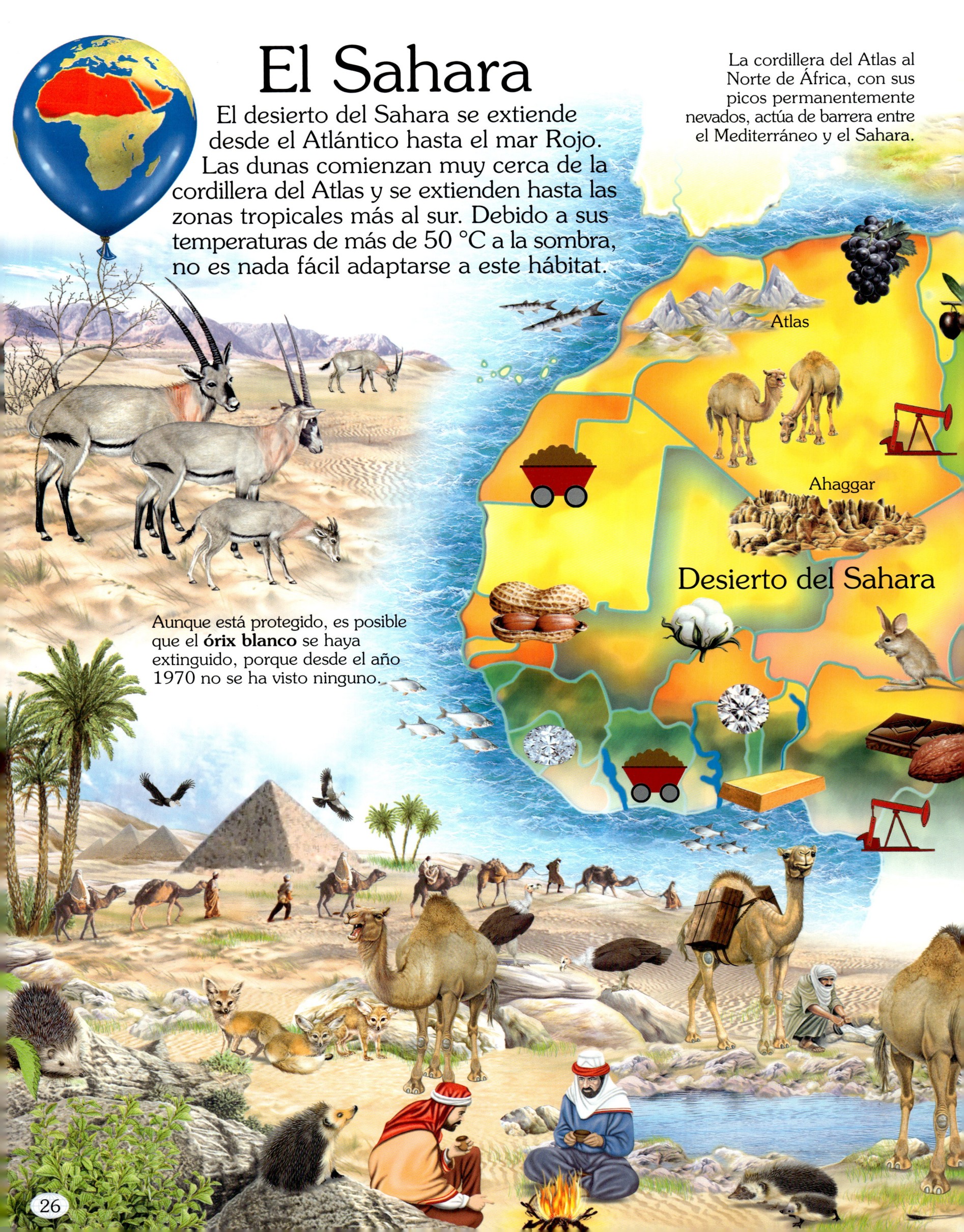

Pirámides de Egipto

Río Nilo

El Nilo es el río más largo del mundo: sus 6.671 km y la presa de Asuán permiten el regadío artificial de Egipto y Sudán.

Hay varias formas de recorrer el desierto del Sahara.
La más rápida es adentrarse en él con un 4 x 4.
La forma más tradicional es el uso de camellos y dromedarios.
No es muy aconsejable ir a pie…

El sur de Europa

Hace cientos de años el sur de Europa estaba repleto de bosques, árboles y matorrales. Lo poblaban gran cantidad de animales, que hoy han tenido que emigrar a las montañas o a los pocos bosques que quedan por la presión de las industrias, las ciudades y los cultivos.

Saint-Michel

Torre Eiffel

Castillos del Loira

Alemania, Francia y Suiza son los países de Europa que más leche producen.

Catástrofe del *Prestige*

Puerta de Alcalá

Sagrada Familia

La Mancha

Aunque está protegido en la mayoría de los países, algunas variedades de **lince** están en peligro de extinción.

En España se cría el **cerdo ibérico**, que da jamones y embutidos de gran calidad.

No lo dudes: aunque no es fácil verlos, en cualquier bosque hay infinidad de animales, lo que pasa es que se ocultan muy bien entre las hojas, las ramas y en madrigueras.

El **gato montés** es el antepasado del gato doméstico; es más grande y salvaje.

Viena

Torre de Pisa

Coliseo de Roma

Vesubio

Sicilia

Bucarest

Partenón de Atenas

Los pájaros abundan en toda Europa. La mayoría son autóctonos, pero en primavera, en algunos lugares se concentran miles de aves que vienen de otros países más fríos.

La **abubilla** cuando se siente en peligro se tiende en el suelo con el pico hacia arriba y con las alas y la cola desplegadas, dispuesta para atacar.

El norte de Europa

Sus amplias zonas de bosques en Escandinavia, Escocia, Alemania, Bélgica, etc., son un fabuloso hábitat lleno de escondrijos y madrigueras para infinidad de animales. Sin embargo, los crudos y largos días de invierno requieren cierta adaptación.

Fiordos Noruegos

Finlandia

Estocolmo

Escocia

Londres

Berlín

Frankfurt

El **águila pescadora** se lanza sobre su presa con una excelente precisión, para atraparla con sus potentes garras.

El **águila real** es una de las grandes águilas que más abundan. Es un gran depredador, sobre todo gracias a su excelente vista.

El **lobo gris** es el antepasado del perro doméstico. Acostumbra a vivir en manadas.

El **tejón** puede excavar madrigueras de más de 20 m para proteger bien a sus crías.

Moscú

Las manchas blancas que tiene el **gamo** en verano le ayudan a camuflarse mejor en el bosque; en invierno la piel se le oscurece.

Gracias a su tamaño, la **comadreja** puede meterse en las madrigueras de los ratones y los conejos para darles caza.

31

Siberia y las estepas

En Siberia se encuentra la mayor zona de bosques de coníferas de la Tierra. Sus piñas son una gran despensa para muchos de los animales que allí habitan. El norte de Asia contrasta con el centro por sus grandes desiertos, como el de Gobi, donde puede haber desde 40 °C bajo cero en invierno hasta 45 °C sobre cero en verano, y por las extensas estepas de hierba en Mongolia.

El **tigre de Siberia** es el mayor de los felinos: puede medir más de 2,5 m de largo.

El Transiberiano va de Moscú a Vladivostok recorriendo 9.198 km.

Las estepas de Mongolia son como un mar de hierba. En ellas se cría el **caballo de Przewalski**, el antepasado del caballo doméstico.

Cabaña rodante de Mongolia

El **camello bactriano** tiene un largo pelaje para protegerse del frío invernal; después en el verano se le cae el pelo.

Entre la familia de los ciervos la hembra del **reno** es la única que tiene cuernos, aunque algo más pequeños que los del macho.

Gracias a los cuidados en varios parques naturales, el **ciervo del padre David** no ha llegado a extinguirse.

Trineo con renos

El lago Baikal es el más grande, profundo y antiguo del mundo.

Construcción típica de Mongolia

Caviar

El **ratón de campo** es muy abundante en Europa y Asia. Sale de su nido para buscar semillas y bayas, corriendo bastantes riesgos.

El Himalaya y la India

El Himalaya es una cordillera de más de 2.500 km de largo. Más de 50 cumbres sobrepasan los 7.500 m, y 14 de ellas superan los 8.000 m. Allí se encuentra el pico más alto de la Tierra, el Everest, con 8.848 m.

En Asia viven las cinco especies de **tigres** que existen, pero debido a la caza indiscriminada y a la agricultura, están en peligro de extinción.

Taj Mahal

El **elefante asiático** es la mejor herramienta de trabajo que tienen los indios, por eso cuando se termina la jornada tienen que cuidarlos y asearlos muy bien.

Los **irbis** viven en el Himalaya. Son primos muy cercanos de los leopardos. Se les suele llamar leopardos de las nieves.

Templo del Dalai Lama

El monte Everest es la cumbre del undo con 8.848 m.

El Ganges, río sagrado de la India

El **faisán real** de la India abre su espectacular cola para cortejar a la hembra.

El **rinoceronte indio**, con su gruesa piel, no se inmuta al ver estos gaviales que acechan en la orilla.

China y Japón

China, con 1.300 millones de habitantes, es el país más poblado de la Tierra. Japón cuenta con 130 millones y una fuerte densidad de población. Parece mentira que con las industrias tan grandes que tienen y la cantidad de residuos que producen estos países, todavía podamos hablar de su fantástica fauna.

Los **cisnes** son de la misma familia que los patos y las ocas, pero más grandes y muy elegantes.

El **pájaro moscón** construye su complicado nido colgado de los árboles.

Desierto de Gobi

Gran Muralla de China, con 6.000 km de largo

Los **pandas** han sido adoptados como mascota por muchas asociaciones protectoras de animales, que intentan evitar su extinción.

El **panda rojo** se parece más a un mapache que a su otro pariente, el panda gigante. Las crías se valen por sí mismas a los pocos meses, pero permanecen con sus padres casi dos años.

El antepasado de todos los patos domésticos es el **ánade real**. El macho abandona a la hembra poco después del periodo de incubación.

Ciudad Prohibida

Buda Daibutsu

Fuji Yama

Fue el edificio más alto del mundo, en Taipei: 508 m 101 pisos

Los **ciervos axis** viven en bosques poco densos y se reúnen en manadas que pueden contar hasta con 200 individuos.

El sureste asiático

El clima suele ser cálido y húmedo, lo que favorece enormemente a estas selvas tropicales, donde se concentra un gran número de animales; algunos de ellos sólo existen en esta parte del planeta.

El **pájaro sastre** tiene una gran habilidad para coser las hojas que formarán su nido.

Los **gibones** tienen los brazos extremadamente largos para poder balancearse de una rama a otra.

En Indonesia vive el **rinoceronte de Sumatra**, que mide 2,5 m, casi lo mismo que el tapir malayo. Y este dragón mide nada menos que 3 m de largo.

El macho del **ave del paraíso** se pasa largo tiempo sobre una rama horizontal para exhibirse ante la hembra.

Agkor, en Camboya

Tailandia

Caucho

Volcán Krakatoa

La **civeta** tiene unas glándulas anales que producen muy mal olor. Así espanta a sus enemigos, incluso a gran distancia.

La **paloma victoria** es la mayor paloma del mundo, mide casi 70 cm.

Los **orangutanes** suelen moverse despacio, pero en cambio son muy buenos trepadores.

La vistosa nariz del **mono násico** macho se le va desarrollando a medida que se hace maduro.

Borobudur, el templo más grande del mundo

Tasmania y Nueva Zelanda

La isla de Tasmania hace millones de años fue parte de Australia; su separación ha permitido que algunos animales evolucionaran como especies únicas en el mundo. En Nueva Zelanda las aves se han beneficiado de la ausencia de mamíferos depredadores: a eso puede ser debido que algunas aves no sepan volar.

Australia

Lagos Azul y Verde

El **ornitorrinco** fue descubierto hace 200 años. Cuando llegaron a Europa los primeros ornitorrincos disecados, los científicos se quedaron tan sorprendidos que creyeron que se trataba de un engaño.

Con sus poderosos dientes, el **diablo de Tasmania** puede triturar los huesos y comerse un animal enterito, huesos, piel y plumas incluidos.

El **lobo de Tasmania** es muy posible que esté extinguido, aunque se tiene la esperanza de que se pueda encontrar alguno en algún lugar recóndito de la isla.

El **kea** es un loro que vive en las montañas nevadas de Nueva Zelanda. Con el pico escarba en la nieve en busca de brotes y raíces.

El **kakapú** es un papagayo que no puede volar. Se suele ocultar entre las rocas, los arbustos y en el interior de alguna madriguera.

Auckland

Estas piscinas de fango contienen cantidades pequeñas de grafito y de petróleo crudo.

Reserva volcánica de Waimangu

Máscara maorí

Peñascos Moeraki

¿Sabías que los huevos del **kiwi** son en proporción a su tamaño los más grandes de todas las aves?

En Nueva Zelanda es el único lugar donde vive esta ave: el **kiwi**.

41

Australia

En su mayor parte es desierto y posee unos paisajes únicos en el mundo de rocas, piedras y territorios desgastados por la erosión. Esta aridez contrasta con unas enormes selvas. Al noreste se encuentra una de las maravillas del mundo, la Gran Barrera de Arrecifes.

La **cacatúa de moño amarillo** es la especie más exportada. Si se la cuida bien, suele encariñarse mucho con su cuidador.

El **dingo** fue introducido por los colonos. A diferencia de los perros domésticos, los dingos no pueden ladrar.

Cuando el **clamidosauro de King** se encuentra en peligro, abre el gran pliegue de piel que rodea su cuello para parecer tres veces más grande.

Ayers Rock, es la roca más grande del mundo

Gran Desierto Victoria

Los pináculos, Parque Nacional de Nambung

El **canguro** puede dar unos saltos de hasta 10 m y alcanzar los 55 km/h en tramos cortos. Se suele apoyar en su robusta cola para poder pelear con las manos y los pies a la vez.

El **koala** es un marsupial que apenas baja de los árboles.

El **emú** con sus 2 m de alto es el pájaro más grande de Australia.

La espectacular Gran Barrera de Arrecifes es una inmensa alfombra de corales bajo el mar.

mitero gigante

Las Devil´s Marbles son sagradas para los aborígenes.

Ópera de Sidney

Los **casuarios** son enormes pájaros de 1,5 m de alto que viven en la selva. Son aves bastante peligrosas: en lugar de huir de las personas, pueden atacarlas con sus enormes garras.

La Antártida

La Antártida es el lugar más frío del mundo. Está cubierta por una capa de hielo de un espesor de unos 2 km. Se han registrado temperaturas de casi 90 °C bajo cero y vientos de más de 300 km/h. Debido al clima es difícil que en el centro habiten animales, pero en el verano sus costas se llenan de una gran variedad de especies.

La **orca** golpea los trozos de hielo para que las focas caigan al agua y así poder cazarlas.

Plataforma de hielo de Ronne

Barco atrapado en el hielo

La **ballena azul** es el animal más grande que existe.

Los lugares de cría del **pingüino emperador** no se encuentran sólo cerca de la costa, sino que pueden llegar a estar hasta 90 km hacia el interior del continente helado.

Plataforma de hielo Ross

300 km

Las tres cuartas partes de un iceberg están bajo el agua.

Este **pingüino macaroni** es otra de las especies de aves que ha sufrido la depredación por parte del ser humano. En 1860 y durante tres años se mataron alrededor de 500.000 pingüinos.

Bases científicas

El iceberg más grande, el B15, observado en la Antártida, se desprendió de la plataforma de hielo de Ross: medía unos 300 km de largo por 37 km de ancho.

Rompehielos

• Polo Sur

Expediciones al Polo

Bases científicas

Los **leones marinos** suelen ingerir piedras: les ayudan a triturar los peces y otros componentes de su dieta.

A partir de 1960 se prohibió la caza y el comercio en toda la Antártida.

El **albatros** habita en colonias y construye sus nidos en acantilados. Utiliza barro y ramitas que amasa para formar una sustancia consistente.